La colección LEER EN ESPAÑOL ha sido concebida, creada y diseñada por el Departamento de Idiomas de Santillana Educación, S. L.

El libro *La sombra de un fotógrafo* es una obra original de **Rosana Acquaroni** para el Nivel 1 de esta colección.

Edición 1991
Coordinación editorial: **Silvia Courtier**

Edición 2008
Dirección y coordinación del proyecto: **Aurora Martín de Santa Olalla**
Edición: **Begoña Pego**

Edición 2009
Dirección y coordinación del proyecto: **Aurora Martín de Santa Olalla**
Actividades: **Mónica García-Viñó**
Edición: **Susana Gómez**

Dirección de arte: **José Crespo**
Proyecto gráfico: **Carrió/Sánchez/Lacasta**
Ilustración: **Jorge Fabián González**
Jefa de proyecto: **Rosa Marín**
Coordinación de ilustración: **Carlos Aguilera**
Jefe de desarrollo de proyecto: **Javier Tejeda**
Desarrollo gráfico: **Rosa Barriga, José Luis García, Raúl de Andrés**
Dirección técnica: **Ángel García**
Coordinación técnica: **Fernando Carmona, Lourdes Román**
Confección y montaje: **María Delgado, Marisa Valbuena**
Cartografía: **José Luis Gil, Belén Hernández, José Manuel Solano**
Corrección: **Gerardo Z. García, Nuria del Peso, Cristina Durán**
Documentación y selección de fotografías: **Mercedes Barcenilla**
Fotografías: GARCÍA-PELAYO/Juancho; STOCKBYTE; SERIDEC PHOTOIMAGENES CD; ARCHIVO SANTILLANA
Grabaciones: **Textodirecto**

© 1991 by Rosana Acquaroni Muñoz
© 1991 by Universidad de Salamanca
Grupo Santillana de Ediciones, S. A.
© 2008 Santillana Educación
© 2009 Santillana Educación
Torrelaguna, 60. 28043 Madrid
En coedición con Ediciones de la Universidad de Salamanca

ISBN: 978-84-9713-114-8
CP: 161209
Depósito legal:

La sombra de un fotógrafo

Rosana Acquaroni

español

Santillana
Universidad
de Salamanca

MADRID

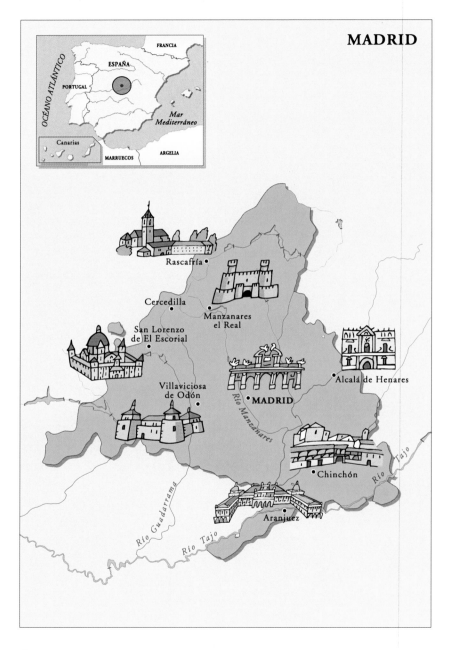

OCÉANO ATLÁNTICO

FRANCIA

ESPAÑA

PORTUGAL

Mar
Mediterráneo

Canarias

MARRUECOS

ARGELIA

Rascafría

Cercedilla

Manzanares
el Real

San Lorenzo
de El Escorial

Villaviciosa
de Odón

Alcalá de Henares

Río Manzanares

MADRID

Chinchón

Río Tajo

Aranjuez

Río Guadarrama

Río Tajo

I

SON las tres de la tarde de un día de invierno. No hay nadie en las calles. Solo silencio[1]. Es la hora de comer y todo está tranquilo. Calles sin coches, plazas sin gente, jardines sin niños.

El sol entra en la habitación de Guillermo y juega con los espejos[2], se pasea entre los libros, se pierde en las paredes. Estamos en diciembre, un mes blanco. Sobre la mesa, debajo de las sillas, en el suelo, hay fotos, muchas fotos. En la cocina todavía están los periódicos de ayer y también vasos sin lavar, pan del desayuno, un poco de café. Dentro de la casa hace calor. Es un piso alto y tranquilo. Encima de su cama Guillermo ha dejado ropa: pantalones, camisas, una chaqueta. Toda la casa está llena de libros: libros de cine, de viajes sobre África, Australia, China, París... Pero casi todos son libros de fotografía. La cámara de fotos[3] está ya preparada y mira hacia la calle. Es la mejor amiga de Guillermo. Va con él a todos los sitios.

Alguien sube por las escaleras. El ruido de una llave: es Guillermo. Abre la puerta, entra, y deja unos paquetes encima de la mesa. Parece cansado. Tiene demasiado trabajo con esas fotos. Abre la ventana. Todavía es pronto para empezar a trabajar. No hay nadie en la calle. Tranquila, la cámara espera. El momento mejor es por la tarde. A esa hora la gente sale a pasear por el barrio[4] y la ciudad empieza a vivir delante de los ojos de Guillermo. Pasa horas y horas delante de la ventana, siempre con su vieja cámara preparada. Siempre desde su ventana. Ese es su lugar de trabajo en estos últimos meses.

Estas Navidades no va a tener vacaciones. Ya lo sabe. No va a poder ir a Cercedilla. En este pequeño pueblo, a cincuenta y seis kilómetros de Madrid, Guillermo tiene su casa de campo. Allí pasan María y él las vacaciones. Pero este año tiene mucho trabajo aquí, en su casa de Madrid.

Guillermo tiene hambre y va a la cocina. Pero solo hay fruta y un poco de queso. El pan es de ayer y está como una piedra. Mañana tiene que comprar un poco de comida. Hoy va a tomarse el queso y un buen café. No quiere salir otra vez. Le gusta el silencio de su casa, el silencio de su cámara.

El ruido del café rompe el silencio. Guillermo vuelve a la ventana con el café en la mano. Esta tarde va a poder trabajar. Hoy no llueve como ayer. Guillermo vive en un barrio gris. Un barrio difícil en el centro de la ciudad. Pero él lo ve diferente. Sí, en la cámara de un fotógrafo la calle, los pájaros y la gente parecen otros, son otros.

II

ANTES de empezar a trabajar, Guillermo pone un poco de música. Charlie Parker. Ya está. Todo está bien. ¡Esta tarde pueden ocurrir muchas cosas en esa calle! Ahora son las cuatro. Ya está sentada en la calle la vieja mujer de pelo blanco, como todas las tardes. Vende periódicos y cigarrillos. Tiene las manos muy rojas. Tiene frío pero sonríe. (Foto) Lleva muchos vestidos, uno encima de otro. Por eso parece muy gorda. Está sentada en una silla medio rota bajo ese sol de invierno casi gris. Algunos pájaros se acercan a ella y suben hasta su vestido. Buscan un poco de pan y un poco de calor. (Foto) La mujer de los pájaros. (Clic) La mujer de los vestidos de colores. (Clic, Clic) Nueva Orleans. Aquellos años. Música de la calle. *Blues.*

«Charlie Parker, eres el mejor.»

Guillermo fuma tranquilo y espera. La cámara es mucho más que una ventana abierta. Es una llave, una llave para abrir nuevas puertas, puertas que abren otras puertas...

Una mujer sale del portal. Guillermo la conoce. Es la mujer de la larga chaqueta de leopardo[5]. (Clic) Entra en una tienda. La cámara la pierde.

La calle es ahora una fiesta para los ojos. En una esquina, la cámara ve a dos mujeres indias, con largos vestidos blancos, muy

bonitos. ¡Qué raro por aquí! Una suerte. En la calle de la izquierda
pone: PROHIBIDO PASAR. (Clic) En la otra calle, dos viejas
del barrio miran a las mujeres de blanco. (Foto) Empieza a llover.
Guillermo ve cómo la gente corre hacia los portales oscuros[6]. Otras
personas llevan paraguas y no se paran. Guillermo hace las últimas
fotos antes de cerrar la ventana. Llueve sin parar...

La música lleva a Guillermo a otros países, a otras ciudades, lejos,
muy lejos. París, Nueva York, África... No puede olvidar todos esos
sitios. Las casas grises del Boulevard Saint Germain, sus pequeños
cafés, las largas noches en Greenwich Village, el silencio y la luz[7]
blanca del Sáhara...

Sí, sobre todo África y su gente. Guillermo conoce muy bien
África, de norte a sur. Ha estado con esos hombres preparados para
vivir en medio del Sáhara, sin tierra para trabajar y sin agua. Esos
hombres saben esperar la lluvia, buscar comida en lugares imposibles. Conocen la sed y el hambre. Pero no saben qué son los espejos.
Les dan miedo[8]. También tienen miedo de su sombra y de la cámara de Guillermo. Él siempre les hace muchas fotos. Pero ellos nunca
las quieren ver. Guillermo les pregunta por qué tienen ese miedo
y ellos siempre le contestan: «Tú eres nuestro amigo, pero con tus
fotos te llevas nuestro espíritu[9]. Y eso no está bien. Debes tener cuidado. Es muy peligroso robar[10] el espíritu de un hombre».

Guillermo sonríe. Cierra los ojos. No puede olvidar a aquellos
hombres. Duermen sobre la tierra, no saben leer, no conocen la televisión y tienen miedo de su sombra y de las fotos. Son diferentes,
y por eso el hombre blanco no los entiende. Pero Guillermo sí los
entiende y los quiere. En un lugar oscuro de su casa están todas las
fotos de aquellos años. Siempre dice que va a buscarlas para verlas otra vez... pero nunca encuentra tiempo para hacerlo.

En ese momento, Guillermo oye algo raro. Algo pasa allí abajo,
en la calle. Un policía corre detrás de dos hombres. Uno es alto, de

Empieza a llover. Guillermo hace las últimas fotos antes de cerrar la ventana. Llueve sin parar...

pelo negro, de cuarenta años más o menos. El otro es más delgado, pero también moreno. Tiene la camisa rota. Ahora Guillermo no puede verlos bien. Pone una nueva película dentro de su cámara y lo prepara todo. Rápido. No hay tiempo. Ya está. (Clic) El policía se lleva a los dos hombres hasta un coche. (Clic)

Se van todos, pero Guillermo tiene las fotos. Un buen trabajo. Él ha sido rápido y la cámara siempre encuentra el momento interesante. Guillermo puede vender las fotos a un periódico de Madrid.

En la calle llueve cada vez más. La música de *jazz* es como un adiós en medio de una ciudad gris.

Ahora suena el teléfono. Guillermo baja un poco la música.

–¿Sí, quién es?

–Guillermo, soy yo, María. Te oigo muy mal...

–María, ¿dónde estás?

–Todavía estoy en Lugo.

–Pero ¿no vuelves hoy?

–No, no, a esta hora no hay trenes para Madrid. Vuelvo mañana por la mañana. Salgo en el tren de las once, desde Santiago de Compostela. Voy a llegar a Madrid por la tarde. ¿Qué tal el trabajo? ¿Todo bien?

–Sí, muy bien. Mucho trabajo.

–¿Qué tiempo hace en Madrid?

–Bastante malo. Llueve mucho. ¿Y en Lugo?

–También llueve, y en el hotel todos estamos muertos de frío. Ya sabes, siempre es así en estos viejos hoteles del centro... Guillermo, ¿vas a estar en casa mañana por la tarde?

–Sí, sí, seguro. Todavía tengo mucho trabajo. Prefiero esperarte en casa. Solo quiero salir un momento por la mañana, para comprar. No tenemos nada para comer.

–De acuerdo. Bueno, Guillermo, no puedo hablar más. Me esperan abajo. Hasta mañana.

–Adiós, María. Hasta mañana.

Son más de las seis. Guillermo empieza a tener hambre otra vez. Va a la cocina. Naranjas, solo hay naranjas y un poco de pan. Guillermo se pasa todo el día con sus fotos y siempre olvida cosas como comprar, comer, dormir... Es difícil vivir con un hombre como él. Guillermo lo sabe. Por eso quiere así a María. Los fotógrafos no son como las otras personas y ella lo entiende. Para ellos no hay nada tan importante como hacer fotos. El tiempo pasa solo dentro de la cámara. Guillermo vuelve a la ventana. El agua lava las negras paredes de enfrente. Una ciudad de espejos. La cámara juega con sus luces y sus sombras.

(Clic) En medio de la calle hay un hombre. La lluvia, por fin, ha parado. La cámara abre su ojo de luz. El hombre pasea en silencio. La cámara puede ver ese silencio. Pero... el hombre... No, es imposible. Con las primeras sombras de la noche parece... ¡Es! ¡Es Guillermo! No puede ser verdad. Guillermo está detrás de la cámara, ¿y también en la calle? Pero ¿quién está allí abajo?

Guillermo no puede creerlo. Todo esto le ocurre por comer mal y por dormir poco. Deja la cámara y mira por la ventana. En la calle no hay nadie. Un coche blanco pasa muy rápido. Guillermo mira otra vez por la cámara. Allí está. Es él otra vez. El hombre sigue allí, de pie, con una chaqueta marrón y un pantalón verde oscuro. Pero Guillermo solo puede verlo allí, dentro de su cámara.

III

GUILLERMO está muy nervioso. La casa le parece otra. Quiere olvidar estos últimos diez minutos, pero no puede. Se pasea por las habitaciones sin saber qué está buscando. Mira su cámara desde lejos. Parece preguntarle con los ojos. No entiende qué está pasando. Por primera vez en quince años su cámara y él no están de acuerdo. Y María, ¿dónde está María en estos momentos? ¿Por qué está lejos de él? Mira el reloj. Las siete y media. Debe llamarla. Tiene que hablar de esto con ella. No sabe dónde tiene el número del teléfono del hotel. Va a la habitación. Busca encima de la televisión. No está. En la mesa de la cocina, debajo de la cama. ¿Dónde puede estar? Mira en el cuarto de baño. Nada. Por fin lo encuentra. Está en el lugar de siempre: encima de la mesa, cerca del teléfono. Delante de sus ojos.

–Hotel España, ¿dígame?

–Por favor, quiero hablar con la habitación 123.

–Un momento, señor.

Guillermo está muy cansado. Cierra los ojos y espera con el teléfono en la mano. El tiempo no pasa. Guillermo tiene frío. No puede olvidar al otro Guillermo. La cámara parece jugar con él y eso es peligroso, muy peligroso para un fotógrafo. Pero ¿cómo puede decir esas cosas? Parece tonto. ¿Qué le va a decir ahora a María? No sabe cómo empezar.

–Señor, la señorita María no está en la habitación. Creo que está de viaje. Esta noche llega a Santiago de Compostela.

«Es verdad. Mañana sale en tren desde allí –piensa Guillermo–, pero no sé en qué hotel va a estar.»

–¿Sabe usted cómo se llama su hotel en Santiago? –pregunta Guillermo.

–No, señor, lo siento, no lo sé.

–Bueno, gracias. Muchas gracias. Buenas tardes.

IV

GUILLERMO está todavía sentado delante del teléfono. No sabe qué hacer. Está allí, solo, con los ojos perdidos en un mar de preguntas. Los espejos de la pared lo miran en silencio. Tiene sed. Mucha sed. Nervioso, se pone de pie y va hacia el bar. Dentro solo hay *whisky* barato. Esta noche quiere tomar algo diferente. En la habitación, debajo de la cama, tiene un *brandy* muy bueno. Se prepara una copa. Ahora busca sus cigarrillos y no los encuentra. Se siente mal. No puede seguir así... ¿Qué hacer? ¿Llamar a la policía y decir: «Oiga, hay un hombre muy peligroso. Pero no sé dónde está. Solo puedo verlo con mi cámara de fotos. Se llama Guillermo y… soy yo»?

¡Nadie va a creer eso! ¿Y qué van a decir sus amigos?, ¿y la gente del barrio? Pero ¿quién es él? Guillermo empieza a no saberlo.

Por fin encuentra su paquete de cigarrillos debajo de la silla. Fuma y mira otra vez hacia la ventana. Allí está su vieja cámara. Guillermo le pide perdón con los ojos. Una cámara, a veces, es como una mujer. No podemos olvidarla. Pero... ¿qué le ocurre? Solo es una cámara rota. Sí. Eso es. Su cámara está rota. Antes de abrirla, Guillermo pasa la película hacia delante. Luego, empieza a mirar por dentro. Él conoce esa cámara mejor que nadie. Todo parece estar bien. No encuentra nada raro. Es mejor dejarla. Guillermo está demasiado cansado. Cierra la cámara otra vez. Se va al cuarto de baño y se lava los ojos con agua fría. Y vuelve la pregunta: «¿Quién es él?».

Con un oscuro miedo Guillermo levanta la cabeza para mirarse en el espejo. Pero ¿qué ocurre ahora? No puede ver bien su cara[11]. Todo esto es demasiado raro. Se sienta delante del espejo, como un tonto. Sí, es él, Guillermo... pero sus ojos parecen mirar desde muy lejos. Parecen sombras perdidas. Es el *brandy*. Sí, seguro.

Guillermo no va a poder dormir. Lo sabe. ¿Y revelar[12] las fotos? Eso es. Va a revelar la película. En ella está la respuesta a todas sus preguntas.

Guillermo lleva la cámara a la habitación oscura. Allí dentro hace frío. Abre la cámara con cuidado y coge la película. La luz roja de la habitación no le deja ver bien. Tiene las manos muy calientes. Demasiado *brandy*. Sus ojos están muy cansados. Ya está. Todo preparado. Ahora solo hay que esperar. Guillermo mira el reloj. Las diez y media. No es demasiado tarde para poner música.

«Charlie, viejo amigo, esta noche estoy más solo que nunca. Estoy perdido en un bosque de sombras y espejos. No sé dónde estoy, no sé qué me ocurre.»

Con la música, Guillermo olvida, por un momento, todas sus preguntas. Cierra los ojos. Los minutos no pasan. Parecen dormidos dentro del reloj. Y María está lejos. ¿Otra copa? No, Guillermo no quiere beber más. Quiere ver las cosas claras.

«Charlie Parker, amigo, ¿tú también eres una sombra como yo?»

Guillermo mira el reloj. Es la hora. Vuelve a la habitación oscura. Allí están sus fotos. Número uno: *La mujer de los pájaros*. Una foto bonita. La número dos también le gusta: *Mujer con su leopardo*. Guillermo sonríe. Número tres: no, esta no es. Número cuatro: esta foto debe llamarse *Prohibido pasar*. Ahora mira las fotos muy rápido. Quiere llegar a las últimas. Por fin. Foto número doce: solo una calle gris. Sin árboles, sin gente. Sin nadie. Así es. En aquella foto no está el hombre de la chaqueta marrón. Nada. Esta foto debe llamarse *La sombra de un fotógrafo*.

V

EL sol abre poco a poco las sombras de la noche. Hoy va a hacer menos frío que ayer. Ya hay gente en la calle. Muchas mujeres van a comprar: mañana es domingo y los domingos todas las tiendas están cerradas.

Guillermo prepara el desayuno en la cocina. Un buen café para empezar el día. La casa está caliente y la luz entra ya por todas las ventanas. Guillermo quiere olvidar el oscuro día de ayer. Es imposible. Pero hoy está un poco más tranquilo. Esta tarde, por fin, llega María y va a poder contárselo todo.

Después de tomar el desayuno quiere salir, dejar esas cuatro paredes y pasear un poco por el barrio. Tiene que comprar algo para comer. Y quiere estar en la calle, ver gente, hablar con alguien... Pero hoy va a salir sin su cámara. Va a dejarla en casa. Siempre la lleva con él a todas partes. Sí, esa cámara es como su mano derecha, pero desde ayer no está seguro de ella.

Guillermo entra en el cuarto de baño para lavarse un poco. Pero esta vez no quiere mirarse al espejo. Es difícil olvidar los espejos. Están por toda la casa. A María le gustan mucho.

Vuelve a la habitación. No sabe qué ropa ponerse. Ve encima de la cama su chaqueta marrón y sus pantalones verde oscuro. Ahora no le gustan. Es la ropa del otro. Del otro Guillermo...

El sol abre poco a poco las sombras de la noche. Hoy va a hacer menos frío que ayer. Ya hay gente en la calle.

No los va a usar nunca más. Mañana va a dárselos al portero. No quiere verlos más.

Guillermo cierra la puerta y baja las escaleras.

VI

En el portal, sentado al sol, está el portero.

–Buenos días, don Manuel. ¡Qué buen día hace!, ¿verdad?

El portero lo mira en silencio y no contesta. Parece no conocerlo.

–Sí, señor. Un día muy bueno –le dice por fin.

«"¿Señor?", pero ¿por qué me llama "señor" y no "Guillermo", como siempre? Debe de estar enfadado por algo... No lo entiendo.»

Guillermo prefiere olvidarlo y no dice nada más. En la calle el aire es frío y la mañana clara. Hoy no va a llover, seguro. Guillermo sube la calle hasta llegar a la Plaza de San Ildefonso. Es una plaza pequeña, pero muy bonita. Desde allí puede ver todavía la ventana de su casa. Y allí arriba está su cámara. Anda un poco más. Quiere comprar el periódico. Pero Francisco, el hombre de los periódicos, también está muy raro con Guillermo. Parece no saber quién es.

«¿Por qué?»

Francisco es un viejo amigo. El fotógrafo le compra los periódicos todos los días y siempre hablan un poco.

«¿Qué le ocurre hoy a todo el mundo?»

Guillermo coge el periódico y le deja el dinero a Francisco sin decir nada.

Ahora entra en la tienda de la esquina para comprar la comida. Dentro de la tienda hay dos mujeres del barrio, doña Elvira y doña

Carmen. Las dos son hermanas y viven, como Guillermo, en el número ocho de la calle Corredera Baja. Lo conocen muy bien.

–Buenos días, señoras –dice Guillermo.

Pero las mujeres no dicen nada.

Guillermo busca a doña Manolita, la señora de la tienda.

–Buenos días, doña Manolita. Quiero un pollo, un kilo de patatas y un buen vino.

Doña Manolita sigue con su trabajo. Lava los cristales[13] de la tienda, delante de él, pero no contesta.

–Doña Manolita, soy yo, Guillermo. ¿Qué le pasa? ¿No me oye?

La mujer no dice nada. Parece no oír a Guillermo.

«No puedo creerlo. Nadie parece verme hoy. No entiendo nada.»

Guillermo se siente cada vez más raro. Una persona diferente en un barrio diferente.

Guillermo está nervioso. Sale de la tienda sin comprar nada y vuelve a la plaza de antes. Allí juegan los niños del barrio y los viejos, a esta hora de la mañana, vienen a sentarse al sol. Guillermo se sienta cerca de ellos y empieza a leer el periódico. Son las doce de la mañana. El aire del invierno se pasea por los árboles de la plaza. Tres chicos fuman, sentados en el suelo. Tienen trece años, más o menos. Uno de ellos lleva el pelo largo y una camisa bastante rota. Parecen amigos. Son del barrio.

«Seguro que sus padres no los dejan fumar. Son demasiado jóvenes.»

Guillermo los mira. Ellos se ríen. Parecen un poco nerviosos.

«¡Por fin unas personas simpáticas!»

Pero ya es tarde. Guillermo debe volver a casa. Todavía tiene trabajo y quiere preparar un poco las cosas de la casa. María vuelve esta noche. Después de comer va a hacer las últimas fotos.

En el portal, Guillermo se encuentra otra vez al portero y le pregunta si hay cartas para él. Pero don Manuel no dice nada.

«Don Manuel es ya un hombre muy mayor. Tiene más de setenta años. Casi no oye y no ve demasiado bien. Puede ser eso.»

VII

GUILLERMO sube las escaleras en silencio.

«Este sábado no empieza demasiado bien para mí.»

Busca sus llaves, pero no las encuentra.

«Debo tener más cuidado con mis cosas. Estos días lo pierdo to-do: los números de teléfono, los cigarrillos, las llaves...»

Busca con más cuidado en su chaqueta. Por fin las encuentra y abre. Son casi las dos, la hora de comer. Pero ¿qué va a comer? No ha podido comprar nada. ¿Qué le va a decir a María? El silencio de la casa ahora le pone nervioso. Pone la televisión. No hay nada interesante. Mira el periódico. A las tres dan una buena pelícu-la: *Mogambo*, con Ava Gardner. A Guillermo le gusta mucho Ava Gardner.

«Es como una mujer-leopardo. ¡Qué ojos! No hay otros tan bo-nitos en todo el cine americano.»

Pero hoy prefiere la música. Va a poner un poco de *jazz*. Esta vez es una mujer: Billie Holiday. Se sienta y coge un cigarrillo. La verdad es que no tiene hambre. ¿Trabajar? No, está demasiado nervioso. No puede olvidar. Allí, cerca de la ventana, está su cá-mara.

«¡Cuántos viajes, cuántas ciudades, cuántos años con mi cámara, los dos solos! ¡Parece imposible!»

Guillermo se duerme poco a poco. Oye la música cada vez más lejos. Los espejos de la casa lo miran en silencio. Su cámara también. Por fin la casa vuelve a estar tranquila.

Guillermo abre los ojos. Mira el reloj.

«¡No puede ser, son ya las cinco!»

Sí, ya son las cinco de la tarde. Esta noche llega María. Y Guillermo tiene todavía trabajo. Es muy importante para él. No puede dejarlo ahora. Guillermo va al cuarto de baño. Está todavía medio dormido. Se lava un poco, sin mirarse en el espejo, y sale, como una sombra. Después coge un cigarrillo y pone música otra vez. Abre la ventana y empieza a preparar la cámara.

VIII

CON el sol de la tarde, la pared de enfrente parece un espejo. Hay demasiada luz para hacer fotos. Guillermo va a la habitación y busca un cristal oscuro para su cámara.

«Ahora sí puedo trabajar.»

Esta tarde hay mucha gente en la calle. La Navidad está cerca. Ruido de autobuses, coches, juegos de niños. (Clic) Unas mujeres pasean con sus maridos. (Foto) Llevan sus mejores vestidos. Sonríen. (Clic) Una de ellas oye el clic de la cámara y mira hacia arriba. (Foto) Es rubia y tiene los ojos claros. La mujer dice algo a su marido. Guillermo no lo puede oír. (Clic) El marido mira a la señora y se ríe. (Foto)

La cámara mira ahora hacia otro lugar. La esquina. (Clic) Un coche rojo. Un hombre sentado encima de un coche. (Clic) Zapatos negros. La cámara sube poco a poco. Pantalón azul. ¡No puede ser! El hombre lleva chaqueta gris y camisa blanca. (Clic) La cámara sube más. Está un poco lejos, pero... sí, es él. ¡Él otra vez! ¡El otro Guillermo! Hoy también lleva su misma ropa. Está sentado allí, en la calle, y fuma un cigarrillo. Ahora mira hacia la ventana.

«Pero ¿él también puede verme? ¿Quién es la sombra, yo o él?»

Guillermo mira ahora sin la cámara. No hay nadie en la esquina. Solo un viejo coche rojo parado en la calle. Guillermo vuelve los ojos a la cámara. El otro sigue allí. Lo mira, pero parece no verlo. Guillermo espera unos minutos con su cámara. En ese momento, el otro Guillermo se pone de pie y empieza a andar. La cámara lo sigue.

«¡Allí está, allí abajo, y me espera! Debo bajar a la calle, hablar con él, saber quién es, ¡qué quiere de mí!»

Guillermo está cada vez más nervioso.

«¡Rápido! No hay tiempo.»

Pero Guillermo olvida que solo puede ver al otro con su cámara. La deja en el suelo y corre hacia la calle, sin cerrar la puerta.

IX

Son más de las nueve. La puerta de la calle está abierta y por ella entra todo el frío de la noche. El ruido de los coches sube hasta las habitaciones. Billie Holiday canta un viejo *blues*. Un ruido en la escalera: alguien sube muy despacio. Es Guillermo. Parece muy cansado. Vuelve solo. Se siente perdido. Sabe que es imposible encontrar al otro. Por fin llega hasta la puerta. Va a su habitación. Allí, entre sus libros, están las fotos de los viajes. Busca. Busca con mucho cuidado en cada paquete: París, 1985; Australia, 1986; México, 1988... Debe encontrar las fotos de África.

«Aquí están: África, 1986-90. Sí, estas son.»

Abre el paquete muy despacio. Tiene miedo. Allí dentro está la última respuesta.

«Ahora lo entiendo todo y ya es demasiado tarde. Demasiado tarde... Aquellos hombres... Su espíritu... –Guillermo casi no puede hablar–. Ahora yo también estoy en peligro.»

Allí están esos hombres delgados, con sus ojos negros y nerviosos. Lo miran desde las fotos y Guillermo cree oírlos, como en África:

«Debes tener cuidado. Es peligroso robar el espíritu de un hombre».

Guillermo deja las fotos otra vez dentro de sus paquetes y los cierra bien.

Allí, entre sus libros, están las fotos de los viajes. Debe encontrar las fotos de África. Aquí están: África, 1986-90. Sí, estas son.

Mira sus manos. Casi no puede verlas.

«Rápido. Debo escribir una carta a María. Mi cámara puede más que yo: Primero me ha robado mi cara, y ahora mis manos. Ya sé que voy a perderlo todo. Ahora lo entiendo: estoy pagando muy caro por ser fotógrafo.»

Guillermo empieza a escribir, pero pronto para. No puede seguir.

«¡Dios mío! Soy un hombre sin cuerpo[14] y sin espíritu. Una sombra, una sombra perdida.»

X

MARÍA entra en el piso y deja los paquetes sobre la mesa.

–¡Hola, Guillermo, ya estoy aquí! Pero ¿por qué tienes la puerta de la calle abierta? Entra frío... ¿Guillermo? ¿Dónde estás? ¿No me oyes?

Mira y ve la ventana abierta y la cámara en el suelo. Al lado de la silla, también en el suelo, hay una chaqueta, un pantalón azul, una camisa blanca y unos zapatos negros. Billie Holiday canta todavía su largo *blues*. María no entiende nada. Busca a Guillermo por todas las habitaciones de la casa. Va hasta la cocina y busca algo para comer. No hay nada.

«Debe de estar en la tienda –piensa María–. Yo conozco bien a Guillermo. Siempre lo hace todo en el último momento. Pero... es imposible. A estas horas todas las tiendas están cerradas...».

María no entiende nada.

«Todo esto es muy raro. ¿Qué ocurre aquí? ¿Dónde puede estar Guillermo?»

Por fin, ve algo encima de la mesa. Parece una carta. María se sienta y lee:

«María: Ya es demasiado tarde. Tengo poco tiempo. Voy a irme lejos. Para siempre. Pero antes quiero decirte…».

La carta de Guillermo no está terminada. María, nerviosa, no sabe qué hacer. ¿Llamar a la policía?

«No, eso no. A veces Guillermo se va de viaje sin decir nada a nadie. Pero esta carta... no sé... ¿por qué no está terminada? Sí, lo mejor es llamar a la policía.»

XI

SON casi las siete de la tarde. Una tarde clara del mes de agosto. Hace mucho calor. El verano en Madrid es demasiado largo. Casi toda la gente del barrio está de vacaciones. La calle está en silencio.

Solo María espera de pie en el portal de su casa. Parece muy cansada. Mira el reloj. Es pronto. Todavía tiene unos minutos.

A las siete viene un taxi para llevarla a su casa de campo, en Cercedilla. Lejos del calor de Madrid, lejos también de ese largo invierno pasado en esta casa sin Guillermo.

Para María parece que han pasado años. Guillermo no va a volver nunca más. Ella lo sabe. La policía no lo ha podido encontrar y no quiere buscar más. Nadie busca a Guillermo. Parece imposible, pero es así.

María tiene todavía muchas preguntas sin respuesta, pero no puede, no quiere esperar más. Siete meses sin saber nada de Guillermo son demasiado tiempo. Ahora quiere empezar una nueva vida[15], lejos de esa casa. El campo es un buen sitio para olvidar.

María mira por última vez las ventanas de la casa. Todas están cerradas. Todas menos una. Allí arriba, María ve la cámara de Guillermo. Como siempre, está mirando hacia la calle. María quiere dejarla allí. En ese momento, llega un coche. Para delante del portal.

María mira por última vez las ventanas de la casa. Todas están cerradas. Todas menos una.

Es el taxi. María coge sus paquetes y sube al coche. El taxi se pierde entre las calles. Deja detrás de él el calor y el silencio de una ciudad muerta, muerta para María.

XII

DESDE la casa, el espíritu de Guillermo piensa...

«Adiós, María. Siento mucho no poder ir contigo. Yo sigo aquí, como siempre, detrás de mi ventana. Sí, sigo aquí, en nuestra casa, como antes, como siempre. Pero ahora tú no puedes verme. Nadie puede verme desde aquel día... Estoy dentro de mi cámara y no puedo salir. He pagado muy caro por entrar en otras vidas con el ojo de mi cámara, por robar el espíritu de los hombres. Debes saberlo, María. Aquellos hombres del Sáhara conocen toda la verdad sobre las sombras. Ahora soy solo eso, una sombra, la sombra de un fotógrafo. Y solo puedo vivir en el silencio oscuro de mi cámara.»

ACTIVIDADES

Antes de leer

1. Antes de empezar a leer el relato, fíjate en la portada, lee la sinopsis de la contraportada, hojea el libro e intenta contestar a estas preguntas. Después de leer la historia, podrás comprobar los resultados.

a. ¿Cómo se titula el relato? _____

b. ¿Cuántos capítulos tiene? _____

c. ¿Qué hay en los anexos que siguen al texto? _____
_____

d. ¿Cómo se llama el protagonista de la historia? _____

e. ¿Cómo se llama su novia? _____

f. ¿A qué se dedica él? _____

g. ¿Dónde vive? _____

h. ¿Qué tipo de relato es: de terror, de amor, de misterio...? _____
_____

2. El protagonista de la historia que vas a leer es un fotógrafo. Lee las siguientes opiniones y marca si estás de acuerdo con ellas o no.

	SÍ	NO
a. Algunos fotógrafos profesionales invaden la intimidad de las personas.	☐	☐
b. Las personas de algunas culturas no quieren ser fotografiadas porque piensan que la fotografía roba su espíritu.	☐	☐
c. La fotografía es un arte.	☐	☐
d. Es más interesante fotografiar personas que ciudades o paisajes.	☐	☐

Durante la lectura

Capítulo I

3. (1) Antes de leer el capítulo, escúchalo y señala la opción correcta.

a. La acción sucede *de noche/de día*.

b. Las calles están *vacías/llenas de gente*.

c. Probablemente en la calle hace *frío/calor*.

d. Guillermo vive *en un pueblo/en una ciudad*.

e. Guillermo normalmente trabaja *en casa/en una oficina*.

f. Probablemente María es *la novia/la jefa* de Guillermo.

4. Ahora lee el capítulo y comprueba tus respuestas.

5. Escribe las frases del texto en las que se da esta información sobre Guillermo.

a. Es desordenado.

b. Le gusta mucho su trabajo.

c. Trabaja mucho.

6. Al final del capítulo se dice que «Guillermo vive en un barrio gris». ¿Qué crees que quiere decir esto?

a. Que es un barrio antiguo.

b. Que es un barrio pobre.

c. Que es un barrio aburrido, sin personalidad.

7. En tu cultura, ¿con qué asociáis el color gris? ¿Y estos otros colores? Coméntalo con tus compañeros.

rojo	blanco	verde	rosa	negro

Capítulo II

8. (2) Escucha el capítulo y completa estas oraciones con los nombres de colores correctos.

   a. La mujer mayor que está en la calle tiene el pelo _____.

   b. Esa mujer tiene las manos muy_____.

   c. El sol de invierno es de color casi _____.

   d. Las mujeres indias llevan vestidos_____.

   e. Guillermo recuerda que la luz del Sáhara es _____.

   f. El pelo del delincuente es _____.

   g. Las paredes del edificio de enfrente son _____.

   h. El coche que pasa es _____.

   i. La chaqueta del hombre es _____ y su pantalón es _____.

9. Ahora lee el capítulo y comprueba tus respuestas.

10. En este capítulo se describe a algunas de las personas a quienes fotografía Guillermo. Relaciónalas con sus características físicas.

       • moreno
       • cuarenta años
   a. La mujer de los pájaros   •   • vestidos blancos
                                         • alto
   b. La mujer que sale del portal •   • chaqueta de leopardo
                                         • manos rojas
   c. Las dos mujeres indias   •   • vieja
                                         • pelo negro
   d. El primer delincuente   •   • delgado
                                         • vestidos de colores
   e. El segundo delincuente   •   • camisa rota
                                         • pelo blanco

11. Mientras escucha música, Guillermo recuerda cómo se sentían los hombres del Sáhara al ser fotografiados. Señala cuál crees que es su opinión respecto a ese tema.

 a. Piensa que tienen razón y tiene miedo.

 b. Piensa que son supersticiones y no le da importancia.

12. En este capítulo se da bastante información sobre el protagonista, Guillermo. Lee estas afirmaciones y señala si son verdaderas o falsas.

 a. Le gusta la música. ☐

 b. No es fumador. ☐

 c. Ha viajado por muchos lugares del mundo. ☐

 d. Piensa que su novia no le comprende. ☐

 e. No quiere mucho a su novia. ☐

 f. Le importa más su trabajo que comer o dormir. ☐

Capítulo III

13. En este capítulo Guillermo llama al hotel donde está María, pero el recepcionista le dice que ya no se aloja allí. Imagina el diálogo entre los dos y escríbelo.

14. ③ Escucha el capítulo. ¿Se parece su diálogo al que tú has escrito?

15. Ahora lee el capítulo y comprueba tus respuestas.

16. Señala si estas afirmaciones sobre Guillermo son verdaderas o falsas.

    a. Está preocupado. ☐

    b. Está tranquilo. ☐

    c. Tiene miedo. ☐

    d. Entiende todo lo que pasa. ☐

    e. Necesita hablar con María. ☐

    f. No sabe bien qué decirle a María. ☐

Capítulo IV

17. ④ Escucha el capítulo y ordena las acciones que realiza Guillermo.

    ☐ a. Piensa que si llama a la policía no van a creerle.

    ☐ b. Pone música.

    ☐ c. Decide tomar una copa.

    ☐ d. Revela las fotos del día.

    ☐ e. Fuma un cigarrillo.

    ☐ f. Piensa que quizá el problema es que la cámara está rota.

18. Ahora lee el capítulo y comprueba tus respuestas.

19. ¿Qué crees que quiere decir Guillermo con estas palabras?

    Estoy perdido en un bosque de sombras y espejos. No sé dónde estoy. No sé qué me ocurre. (pág. 15)

    En el libro hay varias alusiones a los espejos. ¿Qué sensación le producen a Guillermo? Fíjate también en los fragmentos del relato de la página siguiente y justifica tu respuesta.

Esos hombres saben esperar la lluvia, buscar comida en lugares imposibles. Conocen la sed y el hambre. Pero no saben qué son los espejos. Les dan miedo. (pág. 8)

Guillermo está todavía sentado delante del teléfono. No sabe qué hacer. (...) Los espejos de la pared lo miran en silencio. (pág. 14)

20. A lo largo del relato han aparecido varias palabras relacionadas con la profesión de Guillermo. Lee las definiciones y escribe de qué palabras se trata. Si lo necesitas, consulta el texto.

   a. Persona que se dedica a hacer fotografías: _____

   b. Aparato con el que se hacen fotografías: _____

   c. Cinta donde se graban las fotografías: _____

   d. Acción para poder ver las fotografías grabadas: _____

   e. Lugar donde se realiza esa acción: _____

Capítulo V

21. (5) Escucha el capítulo y señala si estas afirmaciones son verdaderas o falsas.

   a. La acción sucede un domingo. ☐

   b. Hoy Guillermo está menos nervioso que ayer. ☐

   c. Quiere salir a hacer fotos a la calle. ☐

   d. En casa de Guillermo y María hay muchos espejos. ☐

   e. No quiere ponerse la chaqueta marrón
      y los pantalones verdes porque son feos. ☐

22. Ahora lee el capítulo y comprueba tus respuestas.

23. En este capítulo Guillermo se mueve por distintas partes de su casa. Escribe el nombre de los lugares donde hace estas cosas.

sala de estar	estudio	terraza	dormitorio
cuarto de baño	cocina	salón	comedor

a. Guillermo prepara el desayuno en la _____.

b. Duerme en el _____.

c. Come en el _____.

d. Se lava los dientes en el _____.

e. Estudia y trabaja en el _____.

f. Recibe a sus amigos en el _____.

g. Ve la televisión en la _____.

h. Toma el sol y el aire y mira a la calle desde la _____.

24. En la página 17 hay una fotografía de lo que ve Guillermo desde la ventana de casa. Fíjate bien en ella y completa el crucigrama de la página siguiente.

Horizontales:

1. Lugar ancho dentro de un pueblo o ciudad donde se cruzan varias calles.
2. Construcción hecha con ladrillos o con otro material resistente que sirve como vivienda o como espacio para realizar una actividad.
3. Asiento largo y estrecho donde pueden sentarse varias personas; suele estar en calles y parques.
4. Planta alta con tronco de madera.

Verticales:

5. Persona que circula o anda por las calles.

6. Construcción de la que sale agua y que sirve para decorar plazas y jardines.
7. Foco de luz puesto sobre un poste que sirve para iluminar las calles.
8. Parte pavimentada de la calle por donde caminan las personas.

Capítulo VI

25. **6** Escucha el capítulo e identifica a los personajes.

a. Don Manuel

b. Doña Elvira

c. Francisco

d. Doña Carmen

e. Doña Manolita

1. El dueño del quiosco de prensa.

2. El portero del edificio de Guillermo.

3. La dueña de la tienda donde suele comprar Guillermo.

4. Una vecina de Guillermo.

5. Otra vecina de Guillermo.

26. Ahora lee el capítulo y comprueba tus respuestas.

27. Las personas con las que se encuentra Guillermo reaccionan de diferente forma. Relaciona los elementos de las dos columnas.

a. El portero y el hombre del quiosco...

b. Doña Elvira, doña Carmen y doña Manolita...

c. Los chicos de la calle...

1. ... no le ven ni le oyen.

2. ... le ven, pero reaccionan de forma extraña.

3. ... le ven, pero no le reconocen.

Capítulo VII

28. (7) Antes de leer el capítulo, escúchalo e intenta responder a estas preguntas.

¿Qué objeto no encuentra Guillermo?

a. El periódico.

b. Sus llaves.

c. Su chaqueta.

¿Qué decide hacer para relajarse?

d. Leer el periódico.

e. Cocinar.

f. Escuchar música.

Cuando se despierta, Guillermo se pone nervioso. ¿Por qué?

g. Porque no sabe qué hora es.

h. Porque su mujer va a llegar pronto.

i. Porque tiene mucho trabajo.

29. Ahora lee el capítulo y comprueba tus respuestas.

Capítulo VIII

30. (8) En cada una de estas afirmaciones hay un error. Escucha el capítulo y corrígelos.

   a. Hay mucha gente en la calle porque está cerca el verano.

   b. Guillermo hace una foto a un hombre con chaqueta gris que está sentado en un banco.

   c. Cuando el hombre se levanta y empieza a andar, Guillermo decide bajar a la calle para hacerle más fotografías.

31. Ahora lee el capítulo y comprueba tus respuestas.

32. ¿Quién crees que es «el otro Guillermo»? Escríbelo.

   _____

Capítulo IX

33. (9) Escucha el capítulo y elige la respuesta correcta.

   ¿Por qué no puede acabar Guillermo la carta que quiere escribir a María?

   a. Porque no sabe qué decirle.

   b. Porque desaparece antes de poder hacerlo.

   c. Porque alguien le interrumpe.

   ¿Qué ha descubierto Guillermo?

   d. Que no puede mover la cara ni las manos.

   e. Que su cámara de fotos le ha robado el espíritu.

   f. Que está loco.

34. Ahora lee el capítulo y comprueba tus respuestas.

Capítulo X

35. (10) Escucha el capítulo y marca si estas afirmaciones son verdaderas o falsas.

   a. Cuando María va a entrar, se encuentra la puerta abierta. ☐

   b. La cámara de fotos de Guillermo y su ropa están encima de una silla. ☐

   c. María encuentra una carta que le ha escrito Guillermo. ☐

   d. En la carta él le explica que se va de viaje por trabajo. ☐

   e. Al principio, María se enfada. ☐

   f. Al final, decide llamar a la policía. ☐

36. Ahora lee el capítulo y comprueba tus respuestas.

37. La carta de Guillermo está sin terminar. ¿Cómo crees que podría continuar? Escríbelo.

> María:
>
> Ya es demasiado tarde. Tengo poco tiempo. Voy a irme lejos. Para siempre. Pero antes quiero decirte...

Capítulo XI

38. (11) Escucha el capítulo y contesta a estas preguntas.

   a. ¿Dónde está María?

   b. ¿Adónde se va?

   c. ¿Cuánto tiempo ha pasado desde que Guillermo desapareció?

   d. ¿Qué ve María cuando mira hacia la casa desde la calle?

39. Ahora lee el capítulo y comprueba tus respuestas.

40. Solo queda un capítulo para el final. ¿Cómo crees que va a terminar el relato? Escríbelo.

_____

_____

Capítulo XII

41. ⑫ Escucha el capítulo y haz un resumen, utilizando estas palabras.

| espíritu | ventana | cámara | sombra | fotógrafo |

42. Ahora lee el capítulo y comprueba tus respuestas.

43. Guillermo ahora es un fantasma prisionero en su cámara. ¿Por qué crees que le ha pasado esto?

a. Es una maldición de los hombres del Sáhara.

b. Es un castigo por haber invadido la intimidad de otros.

c. En realidad no le ha pasado nada. Se ha vuelto loco.

Después de leer

44. Ahora que ya has leído el relato, vuelve a mirar la actividad 1 y corrige los resultados si es necesario.

45. Ya sabes por qué este relato se titula *La sombra de un fotógrafo*. Imagina otro título y escríbelo. Luego, coméntalo con tus compañeros y elegid el que más os guste.

46. ¿Crees que Guillermo va a estar siempre prisionero en su cámara? Imagina una posible continuación del relato y escríbela. Luego, lee lo que han escrito tus compañeros y, entre todos, elegid el final que más os guste.

SOLUCIONES

3. a. de día; b. vacías; c. frío; d. en una ciudad; e. en casa; f. la novia

5. a. «Sobre la mesa, debajo de las sillas, en el suelo, hay fotos, muchas fotos. En la cocina todavía están los periódicos de ayer y también vasos sin lavar, pan del desayuno, un poco de café.»; «Encima de su cama Guillermo ha dejado ropa: pantalones, camisas, una chaqueta.»

   b. «La cámara de fotos está ya preparada y mira hacia la calle. Es la mejor amiga de Guillermo. Va con él a todos los sitios.»

   c. «Parece cansado. Tiene demasiado trabajo con esas fotos.»; «Pasa horas y horas delante de la ventana, siempre con su vieja cámara preparada.»; «Estas Navidades no va a tener vacaciones.»

6. c

8. a. blanco; b. rojas; c. gris; d. blancos; e. blanca; f. negro; g. negras; h. blanco; i. marrón; verde

10. a. manos rojas; vieja; vestidos de colores; pelo blanco

    b. chaqueta de leopardo

    c. vestidos blancos

    d. cuarenta años; alto; pelo negro

    e. moreno; delgado; camisa rota

11. b

12. Verdaderas: a; c; f. Falsas: b; d; e

16. Verdaderas: a; c; e; f. Falsas: b; d

17. Orden: c; a; e; f; d; b

20. a. fotógrafo; b. cámara; c. película; d. revelar; e. cuarto oscuro

21. Verdaderas: b; d. Falsas: a; c; e

23. a. cocina; b. dormitorio; c. comedor; d. cuarto de baño; e. estudio; f. salón; g. sala de estar; h. terraza

24. 1. plaza; 2. edificio; 3. banco; 4. árbol; 5. peatón; 6. fuente; 7. farola; 8. acera

25. a-2; b-4; c-1; d-5; e-3

27. a-3; b-1; c-2

28. b; f; i

30. a. Hay mucha gente en la calle porque está cerca la Navidad.

b. Guillermo hace una foto a un hombre con chaqueta gris que está sentado encima de un coche.

c. Cuando el hombre se levanta y empieza a andar, Guillermo decide bajar a la calle para hablar con él.

33. b; e

35. Verdaderas: a; c; f. Falsas: b; d; e

38. a. En el portal de su casa.

b. A su casa de campo, en Cercedilla.

c. Siete meses.

d. Una ventana abierta y la cámara de Guillermo mirando hacia la calle.

43. b

NOTAS

Estas notas proponen equivalencias o explicaciones que no pretenden agotar el significado de las palabras o expresiones siguientes, sino aclararlas en el contexto de *La sombra de un fotógrafo*.

m.: masculino, *f.:* femenino, *inf.:* infinitivo.

1 **silencio** *m.:* ausencia de ruido.

2 **espejos** *m.:* cristales no transparentes en los que se refleja la imagen de las personas o cosas.

3 **cámara (de fotos)** *f.:* aparato que sirve para hacer fotografías.

4 **barrio** *m.:* cada una de las partes en que se divide una ciudad.

5 **leopardo** *m.:* animal salvaje parecido al gato, pero mucho más grande, amarillo y con manchas negras.

6 **oscuros:** que no tienen **luz** (ver nota 7) o tienen muy poca, lo contrario de claros.

7 **luz** *f.:* claridad, lo que permite que las cosas se vean.

8 **dan miedo** (*inf.:* **dar miedo**): provocan sensación de alarma, de inquietud, de desconfianza.

9 **espíritu** *m.:* parte no física, inmaterial, de las personas.

10 **robar:** quitar a una persona algo que es suyo.

11 **cara** *f.:* parte anterior de la cabeza de las personas.

12 **revelar:** tratar una película fotográfica con sustancias químicas para poder ver las imágenes.

13 **cristales** *m.:* aquí, vidrios transparentes de las ventanas; más adelante, vidrio de color para la cámara fotográfica.

14 **cuerpo** *m.:* parte física, parte material de las personas.

15 **vida** *f.:* periodo de tiempo de un ser vivo, desde que nace hasta que muere. Aquí, forma de vivir de una persona.

TopReaders

Great Buildings

Robert Coupe

Contents

People live in buildings, but they also use them for other purposes. Many buildings are small, simple structures. Others are grand and impressive. Some are centuries old.

Parthenon

The ancient Greeks built temples as homes for their gods. About 2,500 years ago, people in Athens built a grand temple to honor the goddess Athena. It is called the Parthenon.

Inside the Parthenon stood a huge wooden statue of Athena. The face, arms, and feet were ivory and the clothes were gold.

goddess Athena

Fact File

If you go to Athens, you can still see the Parthenon. Much of it is now in ruins. Most of the wall carvings were taken to England during the 19th century.

frieze

colonnade

Colosseum

In ancient Rome, the Colosseum
was the scene of fierce, deadly fights.
Gladiators fought bitterly to the death.
Huge crowds watched these contests.
Winners were treated as heroes.

Fact File

Gladiators were slaves or
convicts. Sometimes they
fought against wild animals.
Some gladiators were women.

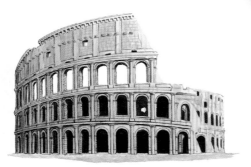

Colosseum today

*The Colosseum took
about 12 years to build.
It was completed in AD 82.
Much of it still stands.*

Pantheon

The ancient Romans built the Pantheon to honor their gods. This building is 2,000 years old. It is made of concrete covered with brick. Its roof is a huge dome.

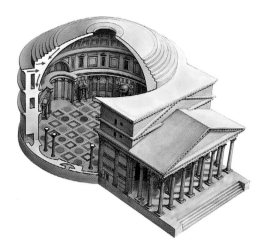

The Pantheon's walls get lighter as they get higher. The lightest material is at the top of the dome. Heavy walls support the dome. This is why it does not fall down.

Forbidden City

In Beijing, China, stands a huge group of timber palaces. Together, they are called the Forbidden City. Only the emperor and special officials were allowed to go there. It is now a public museum .

Beams

Timber beams on top of posts supported the roofs of many Chinese palaces.

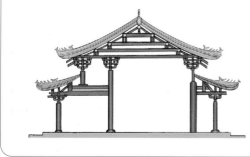

The emperor is being carried toward his throne in the Hall of Supreme Harmony in the Forbidden City.

Notre Dame

Notre Dame is a cathedral in Paris, France. It stands on an island in the River Seine. It has been there for more than 700 years. It is built of sandstone and has colorful stained glass windows.

Notre Dame is a Gothic church. These churches had pointed arches and many statues and decorations carved into their walls.

Gargoyles

Gargoyles are statues of strange beasts. Inside are hollow pipes. Water flows through them, away from the church's roof.

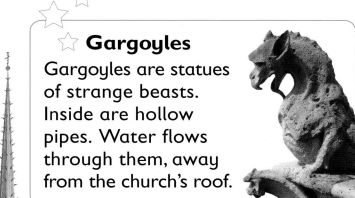

Conwy Castle

King Edward I of England built this castle in Conwy, Wales. It was completed about 730 years ago. At that time, England was at war with Wales. The stone walls made this castle very hard to attack.

spiral staircase

king's bedroom

The English king often visited Conwy Castle. One of the eight towers was for the king to use. He also held banquets in the castle's Great Hall.

Great Hall

making
repairs

Court of the Lions

Carved stone lions surround the fountain in this courtyard.

Summers in Granada are hot. The palace courtyards had trees, pools, fountains, and shaded walks. These helped to keep out the heat.

Alhambra

The Alhambra is a palace in Granada, in southern Spain. Muslim rulers built it almost 700 years ago. At that time people from Africa had brought the religion of Islam into Spain.

Fact File

Alhambra means "the red." When this palace was built, however, its walls were not red. They were painted white.

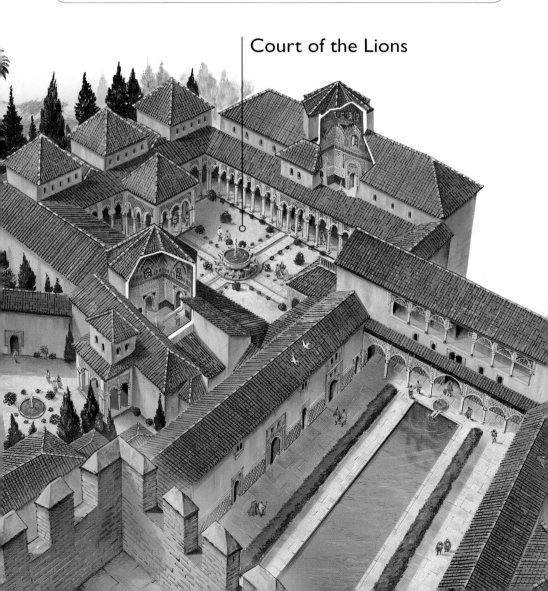

Court of the Lions

St Peter's Basilica

St Peter's Basilica was built in the 1500s. In front of the church is a vast open area, called a piazza. Huge crowds gather here during Christian religious ceremonies.

The dome on top of St Peter's is similar to the dome above the Pantheon, which was built 1,500 years earlier.

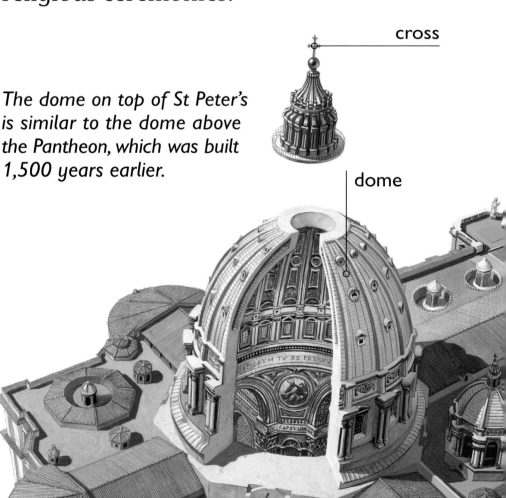

cross

dome

A Country within a City

St Peter's is a part of Vatican City, which is a tiny country inside the city of Rome. Walls surround it.

gardens 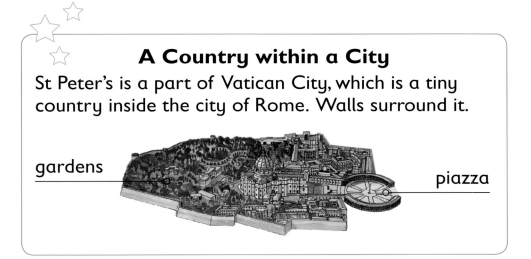 piazza

obelisk

piazza

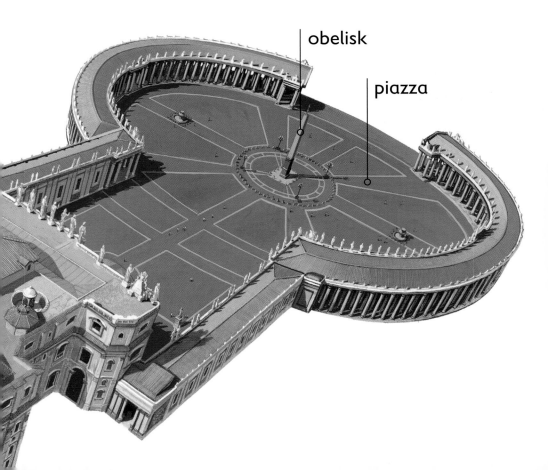

St Basil's Cathedral

In 1554, in Moscow, Russia, work began on St Basil's Cathedral. It was built to celebrate Russia's victory in a war. Eight chapels surround the main church. This colorful church was first painted white.

This building has domes shaped like onions. Moscow is very cold in winter. There are lots of heavy snowfalls. Snow slides easily off these domes.

Fact File

This church is named after a holy man called Basil the Blessed. He lived in Moscow and died about the time the church was being built.

central tower

onion dome

Taj Mahal

Shah Jahan was a ruler in northern India.
In 1631, his wife died. In memory of her,
he built a magnificent marble tomb .
When Shah Jahan died, he too
was buried in this tomb.

inside
the Taj Mahal

*No matter from what side you
look at it, the Taj Mahal looks
the same. This great building's
four facades are identical .*

Fact File

The huge dome on top of
the Taj Mahal is 200 feet (61 m)
high. Inside it is another dome
that is 80 feet (24 m) high.

Casa Milá

The Spanish architect Antonio Gaudi designed this unusual apartment building. It is in Barcelona, Spain. It was completed in 1910. Unlike most other buildings, it has walls that curve and seem to flow.

balcony

Waves in the sea probably influenced Gaudi's design for the Casa Milá. People said that it looked like a wave that had turned to stone.

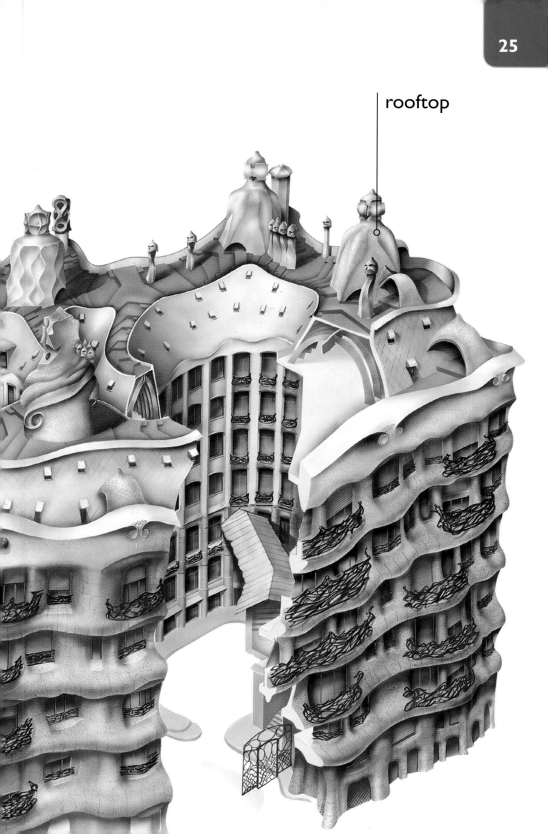

rooftop

Guggenheim

This art museum is in New York, USA. It was designed by the architect Frank Lloyd Wright. Its round walls are made of reinforced concrete . Sunlight flows in through the glass roof.

Fact File

The Guggenheim Museum has six stories. Visitors wind their way up and down between the stories along a ramp as they admire paintings on the walls.

The Guggenheim Museum is just over 50 years old.
Its walls lean outward in a spiral shape.

glass roof

concrete ramp

Sydney Opera House

Between 1958 and 1973, a remarkable new building slowly grew on the shores of Sydney Harbor, in Australia. It has concrete shells covered with white tiles. They look like the sails of boats on the harbor.

Inside the Sydney Opera House are a large hall, where concerts are held, and several theaters. The small section at the front is a restaurant.

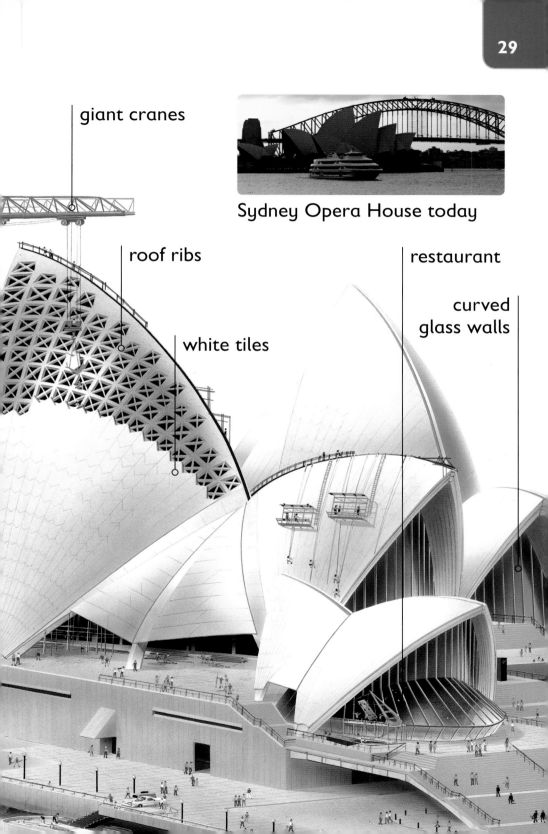

giant cranes

Sydney Opera House today

roof ribs

restaurant

curved
glass walls

white tiles

Quiz

Can you unscramble the words and match them with the right pictures?

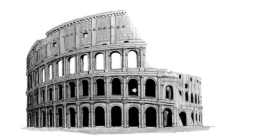

DRECHATLA   ESCALT

SEUMMU   MUSCOLSEO

Glossary

architect: a person who designs buildings and plans how to build them

Athena: the ancient Greek goddess of war and wisdom

basilica: one of the seven main Roman Catholic churches in Rome, Italy

cathedral: a large and important church

chapels: small churches. Larger churches often have chapels attached to them.

dome: the rounded roof of a building or of a room

facades: the main outside walls of buildings

gladiators: people in ancient Rome who were trained to fight other gladiators or wild animals

identical: exactly the same

museum: a building where people can see things of interest, such as paintings, statues, or objects from the past

Muslim: belonging to the religion of Islam

reinforced concrete: concrete that has steel wires inside it to make it stronger

stained glass: colored glass that is used in church windows to create designs or pictures

temples: buildings in which people worship and pray to gods and goddesses

tomb: a building that houses the bodies of dead people

Index